Kids

Este libro pertenece a:

Para Misha, mi dragón pequeñito.
Y para Julien, que no es dragón, sino gremlin
(otra espeluznante especie de reptil).
Marine

Para William.
Pauline

Papel certificado por el Forest Stewardship Council®

Penguin
Random House
Grupo Editorial

Título original: *Comment dédragoniser un papa dragón en 10 leçons*

Primera edición: febrero de 2024

Autoras: Marine Paris y Pauline Duhamel
© 2022, éditions Glénat.
Todos los derechos reservados
© 2024, Penguin Random House Grupo Editorial, S. A. U.
Travessera de Gràcia, 47-49. 08021 Barcelona
© 2024, Mariola Cortés Cros, por la traducción

Printed in Spain – Impreso en España

ISBN: 978-84-19511-65-2
Depósito legal: B-21.416-2023

Compuesto por Candela Insua
Impreso en Índice, S.L.
(Barcelona)

PK 11652

La autora quiere señalar que ningún animal ha sido realmente maltratado en el transcurso de esta historia y no se hace responsable de las tonterías que puedan llevar a cabo las criaturas tras la lectura de este libro.

MARINE PARIS

PAULINE DUHAMEL

CÓMO DESENFADAR A UN PAPÁ

EN 10 PASOS

Traducción de Mariola Cortés Cros

Kids

barba desaliñada
frente brillante
pelos retráctiles
voz cavernosa
nariz humeante
verde de rabia

Un papá que trona y ruge es aterrador.
Si la has liado, ¡que no te dé miedo!

Porque en este libro lograrás ablandar al **DRAGÓN**
a base de consejos, trucos y juegos.

PASO N.º 1
AYÚDALO A RELAJARSE

Dale su tiempo e intenta calmarlo.
Sóplale en la cara para engatusarlo.
Ofrécele un baño calentito
y ráscale bien la espalda con el cepillito.
Pero lo más importante, que no sepa después
¡que fuiste tú el que lo puso todo del revés!

¿TU PAPÁ TODAVÍA ESTÁ ENFADADO?

PASO N.° 2
HAZTE EL DESPISTADO TOTAL

Lo cierto es que te encanta cocinar...,
aunque no siempre el tiempo sepas calcular.
Qué pena si los platos se pasan de cocción,
pero ¡las pizzas calcinadas son una gran diversión!
Agitar la botella de refresco fue un error,
y prender petardos en vez de velas no ha sido lo mejor.
Pero ¿tú crees que te va a regañar
solo porque te hayas olvidado de fregar?

¿TU PAPÁ TODAVÍA ESTÁ ENFADADO?

PASO N.º 3
GÁSTALE ALGUNA BROMITA

A los papás les chifla jugar,
por eso una buena broma le va a encantar.
Con un par de estas inocentadas
mira a ver si ya no se enfada.

Esconde entre las cerezas una guindilla.
Píntale un arcoíris en la ventanilla.

Convierte al perro en un bisoñé.
Mete cemento en la bola de balompié.

Entierra las llaves entre flor y flor.
Y llena de palomitas el aspirador.

SI TU PAPÁ TODAVÍA ESTÁ ENFADADO...

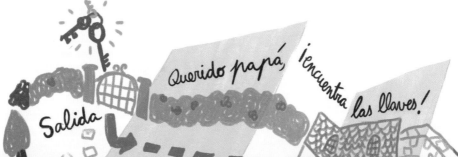

PASO N.° 4
TRATA DE IMITARLO

Si lo miras desde abajo, parece gigante.
A ti también te gustaría ser así de grande.
Por eso no puedes dejar de probar
las cosas que a él le gusta usar:
sus corbatas son como palos helados,
y con la camisa, un trineo has fabricado.
El teléfono en la tostadora se ha fundido,
y la maquinilla dejó el árbol desnudo.
Pero ya verás que en breve, prometido,
¡lo harás todo igual que él! ¡Seguro!

¿TU PAPÁ TODAVÍA ESTÁ ENFADADO?

PASO N.º 5
PREPÁRALE UNA TABLA DE EJERCICIOS

¡Con tanto correr, jugar y saltar
seguramente se va a agotar!
He aquí el entrenamiento:

Con los peces, natación.

Esgrima con el salchichón.

Carreras con la manguera.

Patinaje junto a la bañera.

¡Uy!
¿Es kárate eso que está haciendo ahora?
¡Sal corriendo sin demora!

YA QUE TU PAPÁ TODAVÍA ESTÁ ENFADADO...

PASO N.º 6
TRANQUILÍZALO

Cuando lo veas, dile al oído:
—No te preocupes, papá,
que hice lo debido:
le di a la poli tu carné de conducir
en cuanto me lo vinieron a pedir.
Seguro que estás superorgulloso de mí.
¡Mira en qué niño mayor me convertí!

¿Cómo? ¿Que no te ha funcionado?

¿TU PAPÁ TODAVÍA ESTÁ ENFADADO?

PAPÁ ENFADADO

PASO N.°7
TRÁTALO CON MUCHO MIMO

Que sí, que tú actúas con suma rectitud,
¡y solo miras por su salud!
Porque su mal humor y todos esos gritos
¡no son buenos para su corazoncito!

Tenía que comprarse unas gafas nuevas igualmente,
¿por qué no se cree que se cayeron por accidente?
¿Borraste el disco duro del ordenador sin querer?
Nada mejor para el cerebro que de memoria aprender.

SI TU PAPÁ TODAVÍA ESTÁ ENFADADO...

PASO N.° 8
EXPLÍCALE QUE ERES UN ARTISTA INCOMPRENDIDO

Lo más importante siempre será
que nadie ponga límites a tu creatividad.

Lo único que has hecho es usar puré a modo de pintura
y plasmado tu huella como otros artistas a tu altura.
Has envuelto al perro en una espesa capa celeste
y regalado a papá un retrato agreste.
La mantequilla te ha servido para las esculturas
y has hecho hermosos collages con confituras.

¿TU PAPÁ TODAVÍA ESTÁ ENFADADO?

PASO N.º 9
PONTE EN HUELGA GENERAL

Ya que las cosas van tan mal...
No volverás a hacer los deberes.

Ni te cepillarás los dientes como él quiere.

¡Y nada de recoger la mesa!
¡Tú te vas a la francesa!
(te viene que ni pintado:
jamás te lo has planteado).

Ni hablar de echar los calcetines a la ropa sucia.
¡La tiranía paterna no va a poder con tu astucia!

PERO SI PAPÁ AÚN ESTÁ ENFADADO...

PASO N.º 10
¡AL ATAQUE!

Si montas un buen jaleo
¡por fin se acabará el mareo!
Puedes hacerle cosquillas, por ejemplo,
o retarle a un duelo de espadas
sin miramientos.
Noquéalo como un experto yudoca
y empápale con la pistola la ropa.
Las guerras de almohadas son la última moda
e inmovilizar con trapos siempre incomoda.

¡Vaya! ¡No parece haber disfrutado!

SI TU PAPÁ
TODAVÍA SIGUE
ASÍ DE ENFADADO...

A VER SI CON UN ÚLTIMO PASO
LO DAMOS POR FINIQUITADO.

EL REMATE FINAL

Las cosas no siempre van como queremos.
A veces no nos comprendemos.
Discutir genera demasiada amargura.
Pero bajo la piel de esta fiera, esconde papá la ternura.

Así que, busca el calor de su corazón,
oye cómo late dentro de este gruñón
y acurrúcate en sus brazos mientras te mece.

PUES NO HAY AMOR MÁS GRANDE QUE ESE.

El mar tiene muchos tonos de azul. ¿Y si no existe un único color carne? Un cuento de Desirée Bela-Lobedde para explicar el racismo a los niños.

Un álbum ilustrado conmovedor sobre la diversidad, la tolerancia y la importancia de ser siempre nosotros mismos. Ganador del Premio UNESCO.

Un básico de toda pequebiblioteca: un abecedario, escrito por Mar Benegas y con rimas perfectas para que los pequeños aprendan las letras.

La manera de aprender a leer ha cambiado: este libro con pictogramas acompaña al niño en sus primeros pasos en la mayor aventura de todas.